Stellare:
Learning Italian
with Cultural Stars

Diana C. Silverman, Ph.D.

Printed by CreateSpace
2015

All proceeds from the sale of this book will be assigned to
EMERGENCY USA to fund medical care for refugees in Sicily.

Introduction

> Memory is the fabric of identity.
> -Nelson Mandela

This book is an intoduction to Italian for art lovers. The language exercises here are in the form of cultural experiences, including a recipe by the great Lidia Bastianich, references to films by Nanni Moretti and Fred Kuwornu, the classic photography of Gianni Berengo Gardin and Letizia Battaglia, a moving song by Gianmaria Testa, as well as paintings and drawings in the National Gallery of Art in Washington, D.C.

This slender volume is in no sense comprehensive. With a concise view of present and past tenses, the book is meant to expand enjoyment of Italy's lyrical language and diverse history. The book's art-based language activities are also suited to supplement the standard Italian text books that present grammar exercises as separate and distinct from short essays on cultural phenomena.

I have developed this book in teaching in richly enjoyable college Italian classrooms. In doing so, I have found that students are more likely to develop lasting language comprehension when motivated to use their newly acquired words to encounter thrills of the last two millenia of culture in Italy.

All profits from the book are assigned to the organization, *EMERGENCY* USA, to fund medical care for refugees in Sicily. Over 170,000 refugees arrived in Italy by sea during the year 2014, and the crisis has grown dramatically. More than 1,800 people died in attempting the crossing within the first six months of the year 2015. Many refugees face physical abuse at the hands of human traffickers. My dream is for the proceeds of this book to make a difference.

I would like to thank Lara Jacobson, the Chair of the Board of *EMERGENCY* USA, for her generosity in making possible my donation to support their meaningful work.

First in a long list of wonderful people whom I would like to thank for their help in composing this book are my Department Chair, Isabella Bertoletti, and my colleague, Andrea Casson, at the Fashion Institute of Technology in New York City. Professor Casson read every word of the manuscript and shared her consummate expertise.

My heartfelt thanks are also due to the contributors who generously provided the artistic materials in this book. The open access image policy of the National Gallery of Art in Washington, D.C., is an inspiring and altruistic program to bring their brilliant collection to enhance the lives of wider audiences. In addition to the National Gallery of Art, I would like to thank:
- Lidia Bastianich
- Gianni Berengo Gardin
- Elena Ciccarello
- La Fondazione Forma per la Fotografia
- Fred Kuwornu
- Nanni Moretti
- La Fondazione Querini Stampalia
- Gianmaria Testa
- The Ca' Sagredo Hotel.

I would also like to thank Cornelia Silverman, Josine Shapiro, Lisa Safier, Kathryn Moran and Elena Gusai.

1. Il verbo, essere

essere

io sono	noi siamo
tu sei	voi siete
lui/lei è	loro sono
c'è	ci sono

2. Il vocabolario della città

l'albergo	il colosseo	il palazzo	davanti a	ecco
l'anfiteatro	il duomo	la piazza	dietro	
l'arena	la fontana	il ponte	lontano da	che cosa
il bar	il fiume	il ristorante	vicino a	dove
la bicicletta	la gita	la stazione		
il caffè	la macchina	la strada	a	chi
il castello	il monumento	il supermercato	con	che
la cattedrale	la motocicletta	il treno	di	quale
il centro	il motorino	la vespa	per	
la chiesa	il negozio	la via		

Instructions: on the next page are images of Rome from the 16th and 18th centuries at The National Gallery of Art in Washington, D.C. Below are descriptions of the Roman monuments portrayed there. Which image fits which description? Answer each question below with a complete Italian sentence. Then, use the Internet to compare the images at right with photos of the same monuments today.

1. Il Colosseo è un'arena grande.

2. Il Pantheon, un tempio antico, è una chiesa oggi. Nella piazza davanti al Panteon c'è un bar per il caffè.

3. Il Castel Sant'Angelo è un monumento vicino al fiume Tevere.

Le domande:
a. Dov'è il caffè vicino al Pantheon?
b. Quale monumento è vicino al fiume?
c. Che cos'è il Colosseo?

ROMA

THEATRVM · SIVE · COLISEVM · ROMANVM

AVENTINVS

PALATINVS

CAPITOLIVM

IANICVLVS

VATICANO

3. Il verbo, avere

avere

io ho	noi abbiamo
tu hai	voi avete
lui/lei ha	loro hanno

4. I sostantivi, singolare e plurale

	singolare		plurale
maschile	un libro	il libro	i libri
	un padre	il padre	i padri
	uno stato	lo stato	gli stati
	uno zaino	lo zaino	gli zaini
	un orologio	l'orologio	gli orologi
femminile	una casa	la casa	le case
	una madre	la madre	le madri
	un'ora	l'ora	le ore

5. Il vocabolario della famiglia e delle persone

il cugino / la cugina
il figlio / la figlia
il fratello
la madre
il padre
il nipote / la nipote
il nonno / la nonna
la sorella
lo zio / la zia

l'amico / l'amica
il bambino / la bambina
la donna
la persona
il ragazzo / la ragazza
il signore / la signora
l'uomo (gli uomini - plurale irregolare)

Instructions: on the next page is the marvelous portrait of Marina Sagredo (1723-1774) and her family by the witty 18th-century painter, Pietro Longhi (1701-1785). Based on the images and text, answer the questions below, each with a complete sentence in Italian.

1. Caterina ha figlie? Chi sono?

2. Chi è il nipote di Caterina?

3. Chi è la zia di Contarina e Cecilia?

4. Chi sono le cugine di Almorò?

5. Chi è la nonna di Contarina e Cecilia?

6. Almorò ha una zia? Chi è?

7. Contarina e Cecilia hanno un cugino?

Cecilia Grimani Sagredo, la madre di Marina e Caterina

Marina Sagredo Pisani

Caterina Sagredo Pesaro

Almorò, il figlio di Marina

Contarina e Cecilia, le figlie di Caterina

Next time you are in Venice, stop by Marina Sagredo's home, the Ca' Sagredo, now a hotel.

6. Le preposizioni articolate

	il	lo	la	l'	i	gli	le
a	al	allo	alla	all'	ai	agli	alle
di	del	dello	della	dell'	dei	degli	delle
in	nel	nello	nella	nell'	nei	negli	nelle
su	sul	sullo	sulla	sull'	sui	sugli	sulle
da	dal	dallo	dalla	dall'	dai	dagli	dalle

7. Il vocabolario della casa

gli arredi	il letto	lo scaffale
il bagno	i mobili	le scale
il balcone	il palazzo	il soggiorno
la casa	il panorama	la stanza
la camera da letto	le pareti	la statua
la cucina	la poltrona	lo stile
il cuscino	il quadro	il tavolo
il divano	la sala da pranzo	le tendine
la finestra	il salotto	la vista

Instructions: fill in the correct form of the articulated preposition, and translate.

in	da	di	a
____ palazzi	____ finestra	____ divano	____ palazzo
____ stanze	____ scale	____ poltrona	____ pareti

8. Gli aggettivi e le descrizioni delle persone

affettuoso/a	gentile	capelli neri
allegro/a	giovane	capelli biondi
anziano/a	grande	capelli bianchi
bello/a	intelligente	capelli grigi
biondo/a	interessante	capelli rossi
bruno/a	misterioso/a	capelli castani
buono/a	piccolo/a	occhi castani
carino/a	serio/a	occhi azzurri
distaccato/a	simpatico/a	occhi verdi
divertente	speciale	occhi grigi
felice	triste	

Instructions: use the verb "essere" or "avere," as appropriate with the words above, to describe the portraits below and on the following page. Write at least two complete Italian sentences for each. Be inventive! The portraits are all in the National Gallery of Art in Washington, D.C.

Biagio d'Antonio, *Portrait*, c. 1476/1480

Girolamo di Benvenuto, *Portrait*, c. 1508

Giuliano Bugiardini, *Portrait of Leonardo de' Ginori*, c. 1528

9. I verbi in -are

parlare

io parlo   noi parliamo
tu parli   voi parlate
lui/lei parla   loro parlano

amare	consigliare	restare
ascoltare	fotografare	saltare
aspettare	guardare	sognare
assaggiare	giocare	trovare
attraversare	mangiare	viaggiare
camminare	passare	volare
comprare	pensare	visitare

Instructions: use "verbi in -are" to describe these classic photographs by the brilliant Gianni Berengo Gardin. Write at least three complete Italian sentences for each image.

10. I verbi in -ere

vedere

io vedo	noi vediamo
tu vedi	voi vedete
lui/lei vede	loro vedono

chiedere	dipingere	mettere	rispondere
conoscere	discutere	prendere	scrivere
correre	dividere	promettere	sorridere
decidere	leggere	ridere	vivere

11. Il vocabolario dell'aula

la Bibbia	il libro	la penna	la scrivania
la carta	la mappa	il quaderno	lo studente / la studentessa
il computer	la matita	la sedia	la traduzione
le forbici	l'orologio	lo scaffale	lo zaino

Instructions: fill in the correct form of the verb, and translate all.

Noi _____

(vedere) come la donna

_____ (suonare) il

liuto. Lei _____

(ascoltare) la musica e

_____ (rispondere)

con emozione.

San Gerolamo _____

(scrivere) la traduzione della

Bibbia alla scrivania.

Quintilia Fischieri _____

(leggere) un libro piccolo. Lei

_____ (guardare) il

libro con attenzione.

Gli uomini _____

(parlare) e _____

(ridere) fra di loro.

12. I verbi, andare, dare, fare e stare

andare	dare	fare	stare
io vado	io do	io faccio	io sto
tu vai	tu dai	tu fai	tu stai
lui/lei va	lui/lei dà	lui/lei fa	lui/lei sta
noi andiamo	noi diamo	noi facciamo	noi stiamo
voi andate	voi date	voi fate	voi state
loro vanno	loro danno	loro fanno	loro stanno

13. Il verbo, sapere

sapere
io so
tu sai
lui/lei sa
noi sappiamo
voi sapete
loro sanno

14. I pronomi di oggetto diretto

mi	ci
ti	vi
lo	li
la	le

Instructions: review, translate and try to guess the answers to these classic riddles, so as to study the direct object pronouns in Italian.

1. Quando tu le metti insieme, loro dividono. Che cose sono?
Risposta: le forbici.

2. Ha 4 gambe, ma quando tu la usi, ha 6 gambe. Che cos'è?
Risposta: la sedia.

3. Quando tu lo alzi, tu fai alzare un altro. Che cos'è?
Risposta: il telefonino.

15. Il verbo, piacere, e i pronomi di oggetto indiretto

piacere

io piaccio	noi piacciamo
tu piaci	voi piacete
lui/lei piace	loro piacciono

mi	ci
ti	vi
gli	gli
le	

<u>Esempi</u>:

(singolare)   mi piace il sole d'estate   mi piace visitare l'Italia

(plurale)   mi piacciono i fiori   mi piacciono gli amici

Instructions: watch the whimsical first part of Nanni Moretti's beautiful film, *Caro diario* (1993), "In vespa." Then complete the exercises below here. A mnemonic tip: translate the verb, "piacere," as "to be pleasing."

> Mi piace la pasta. = Pasta is pleasing to me.

1) Write a short review of the film that answers the following questions.
   a. Dove va Nanni Moretti?   b. Quali cose vede Nanni Moretti?

2) Write a short essay that begins with the same sentence at the start of film:
   "C'è una cosa che mi piace fare più di tutte..."

16. Gli aggettivi possessivi

il mio	la mia	i miei	le mie
il tuo	la tua	i tuoi	le tue
il suo	la sua	i suoi	le sue
il nostro	la nostra	i nostri	le nostre
il vostro	la vostra	i vostri	le vostre
il loro	la loro	i loro	le loro

17. I verbi in -ire

<u>sentire</u>
(senza -isc-)

io sento	noi sentiamo
tu senti	voi sentite
lui/lei sente	loro sentono

aprire	partire
dormire	scoprire
offrire	salire

<u>capire</u>
(con -isc-)

io capisco	noi capiamo
tu capisci	voi capite
lui/lei capisce	loro capiscono

finire	pulire
contribuire	spedire
preferire	subire

18. Il vocabolario delle vacanze

l'acqua	l'erba	il mercato	il riflesso
l'architettura	il festival	la metropolitana	la sabbia
l'arte	il fiore	la montagna	la spiaggia
l'autobus	la foto	il museo	il sole
il canale	la funicolare	il negozio	il suono
la cima	il giardino	il panorama	il tramonto
il cinema	il lago	la piscina	il treno
il colore	il lungomare	il pullman	il viaggiatore
la cucina	il mare	la regione	il viaggio

Instructions: fill in the correct form of the verb, and translate all.

Che tipo di viaggio tu _____ (preferire) fare? In questa lezione, io presento le

mie foto da alcuni dei posti che io _____ (preferire) visitare quando io

_____ (essere) in Italia.

Forse tu e i tuoi amici _____

(preferire) vedere i trulli, che _____ (essere)

le case caratteristiche della regione di Puglia.

Alla spiaggia di Cefalù in

Sicilia, tutte le persone

_____ (prendere) il sole

e _____(sentire) il

suono del mare. Quando tu

_____ (decidere) di

viaggiare, tu _____

(preferire) andare ad una città,

al mare o in montagna?

Spesso gli studenti _____ (preferire) visitare

Venezia per l'architettura, i canali e il riflesso

dell'acqua. La prossima volta che tu _____ (essere)

a Venezia, io _____ (consigliare) di fare una

gita a Burano, un isola vicino, con le case colorate.

19. I verbi modali, potere, volere e dovere

potere	volere	dovere
io posso	io voglio	io devo
tu puoi	tu vuoi	tu devi
lui/lei può	lui/lei vuole	lui/lei deve
noi possiamo	noi vogliamo	noi dobbiamo
voi potete	voi volete	voi dovete
loro possono	loro vogliono	loro devono

Instructions: fill in the correct form of the verb, and translate all.

Per arrivare alla piccola città di Erice in Sicilia, il viaggiatore _____ (dovere) prendere la funicolare o l'autobus. In un modo o nell'altro, noi _____ (dovere) salire in cima al Monte Erice per godere del panorama. Tu e i tuoi amici _____ (dovere) visitare!

Ad Erice, noi _____ (potere) andare al Castello di Venere, un castello medioevale costruito sopra un tempio romano. Come tu _____ (potere) vedere nelle foto, il posto _____ (essere) spettacolare!

Quando io _____ (andare) ad Erice, io _____ (volere) camminare al centro, assaggiare la cucina tradizionale e trovare un piccolo caffè per i dolci tipici. Che cosa tu _____ (volere) mangiare?

20. I verbi dire, venire e uscire

dire	venire	uscire
io dico	io vengo	io esco
tu dici	tu vieni	tu esci
lui/lei dice	lui/lei viene	lui/lei esce
noi diciamo	noi veniamo	noi usciamo
voi dite	voi venite	voi uscite
loro dicono	loro vengono	loro escono

21. Ripasso dei verbi nel presente

Instructions: fill in the correct form of the verb, and translate all, in this description of the *Madonna d'Alba* by Raphael (1511), in the National Gallery of Art in Washington, D.C.

In questo quadro di Raffaello Sanzio (1483-1520), noi _____ (vedere) la

Madonna, Maria, con suo figlio Gesù, e Giovanni Battista. I bambini _____ (avere) in

mano una croce. Maria e Gesù _____ (guardare) Giovanni, che _____

(rispondere) con un suo sguardo affettuoso e intenso. Loro non _____

(parlare), ma voi _____(sentire) l'amore e la solennità che _____

(passare) tra di loro. La madre _____ (mettere) un dito tra le pagine di un libro. Lei

non lo _____ (leggere), ma lei _____ (fare) attenzione ai bambini. È evidente che

lei _____ (aprire) il cuore ai piccoli. Loro _____ (essere) in un prato, dove loro

_____ (potere) sentire la terra sotto i piedi. Nello sfondo c'____ (essere) un

paesaggio bello e ricco di diverse sfumature di verde e marrone. Nel cielo ci _____

(essere) alcune nuvole. Il ciclo delle stagioni _____ (continuare) come un segno

di speranza. Come tu _____ (capire) il significato di questo quadro? Un giorno

tu e i tuoi amici _____ (andare) a vedere l'immagine al museo a Washington.

Ogni volta che io _____ (andare) lì, io _____ (volere) contemplare questo

quadro con l'armonia tra le forme e tra le persone.

22a. Si impersonale

Si va al mare ad agosto. [One goes to the sea in August.]
Si mangia bene a questo ristorante! [One eats well at this restaurant!]

22b. Si passivante

Si lava il cane domenica. [One washes the dog Sunday.]
Si lavano i cani domenica. [One washes the dogs Sunday.]

Instructions: here is a recipe by the marvelous chef, Lidia Bastianich, whose every television program, interview and cookbook I recommend with heart and soul. Fill in the correct verb form of the "si impersonale" or "si passivante," and translate all. With the "si passivante," you put the verb in the third person singular when the direct object is singular, and in the third person plural when the direct object is plural.

Lidia Bastianich
Photo by Diana DeLucia

<u>cuocere</u>

io cuocio	noi cuociamo
tu cuoci	voi cuocete
lui/lei cuoce	loro cuociono

Ricetta: Maccheroni con le zucchine

<u>Ingredienti</u>
¼ cucchiaio di pistilli di zafferano
2 cucchiai di sale
5 piccole zucchine
2 once di olio di oliva extra vergine
8 once di cipolla, a pezzetti
24 once di acqua calda
8 once di cipolline, in pezzetti fini
2 cucchiai grandi di prezzemolo italiano, tagliato a pezzetti fini
1 libbra di Maccheroni alla Chitarra (o gli spaghetti)
8 once di formaggio pecorino, grattugiato

_____ (mettere) i pistilli di zafferano in un cucchiaio di metallo.

_____ (mettere) il cucchiaio sopra una fiamma lenta solo per qualche secondo. Il profumo che arriva indica che sono tostati. _____ (mettere) i pistilli tostati in una ciottola insieme a 2 cucchiai grandi di acqua calda e fate restare lo zafferano e l'acqua per almeno 10 minuti. _____ (eliminare) le estremità delle zucchine. _____ (tagliare) le zucchine a strisce corti e sottili.

_____ (mettere) l'olio di oliva in una padella grande. Cuocete i pezzetti di cipolla con l'olio a fiamma media per qualche minuto. Quando i pezzetti di cipolla sono trasparenti, aggiungete 4 once dell'acqua calda e _____ (cuocere) la cipolla nell'acqua bollente per qualche minuto. Quando la cipolla è morbida e c'è ancora un po' di acqua nella padella, aggiungete le zucchine a strisce, e unite le zucchine alla cipolla. Poi _____ (mettere) le cipolline e un po' di sale nella padella. _____ (cuocere) tutti gli ingredienti insieme a fiamma alta, e _____ (mescolare) le zucchine. Aggiungete 16 once di acqua calda. _____ (mescolare) tutti gli ingredienti completamente, e aggiungete i pistilli di zafferano con l'acqua.

_____ (mettere) anche il prezzemolo. Fate bollire per 2 minuti, e poi abbassate la fiamma. _____ (preparare) la pasta, e quando la pasta è pronta, _____ (mettere) la pasta scolata nella padella con le zucchine. _____ (mescolare) tutti gli ingredienti. _____ (aggiungere) il formaggio gratuggiato, e _____ (mescolare) ancora una volta.

_____ (servire) il piatto con ancora del formaggio. _____ (mangiare) bene e sano!

23. Il passato prossimo con avere

<u>parlare</u>
io ho parlato
tu hai parlato
lui/lei ha parlato
noi abbiamo parlato
voi avete parlato
loro hanno parlato

<u>conoscere</u>
io ho conosciuto
tu hai conosciuto
lui/lei ha conosciuto
noi abbiamo conosciuto
voi avete conosciuto
loro hanno conosciuto

<u>capire</u>
io ho capito
tu hai capito
lui/lei ha capito
noi abbiamo capito
voi avete capito
loro hanno capito

I verbi irregolari:

<u>fare</u>
io ho fatto
tu hai fatto
lui/lei ha fatto
noi abbiamo fatto
voi avete fatto
loro hanno fatto

<u>decidere</u>
io ho deciso
tu hai deciso
lui/lei ha deciso
noi abbiamo deciso
voi avete deciso
loro hanno deciso

<u>mettere</u>
io ho messo
tu hai messo
lui/lei ha messo
noi abbiamo messo
voi avete messo
loro hanno messo

<u>prendere</u>
io ho preso
tu hai preso
lui/lei ha preso
noi abbiamo preso
voi avete preso
loro hanno preso

<u>scrivere</u>
io ho scritto
tu hai scritto
lui/lei ha scritto
noi abbiamo scritto
voi avete scritto
loro hanno scritto

<u>vedere</u>
io ho visto
tu hai visto
lui/lei ha visto
noi abbiamo visto
voi avete visto
loro hanno visto

<u>dire</u>
io ho detto
tu hai detto
lui/lei ha detto
noi abbiamo detto
voi avete detto
loro hanno detto

Fred Kuwornu, 2015

Instructions: fill in the correct form of the verb in the "passato prossimo" with "avere," and translate all, to learn about the American soldiers of color who fought in Italy at the end of the Second World War, despite facing institutionalized racism at home. The talented Italian filmmaker, Fred Kuwornu, has made a fascinating documentary about these soldiers, called *Inside Buffalo* (2010).

Il nome dato ai soldati americani di colore è Buffalo Soldiers – in italiano, Soldati

Buffalo. Alla fine della seconda guerra mondiale, tra 1944 e 1945, i Soldati Buffalo

_____ (lottare) in Italia contra i nazisti tedeschi. Nel 2010, il regista,

Fred Kuwornu, _____ (fare) un film documentario chiamato *Inside Buffalo*,

che racconta la storia di questi soldati. Kuwornu _____ (conoscere)

tanti Soldati Buffalo e _____ (parlare) con loro delle loro esperienze in

Italia durante la guerra. Kuwornu _____ (ammirare) il loro coraggio.

Loro _____ (fare) di tutto per il loro paese e _____

(rischiare) la loro vita, nonostante la segregazione razziale negli Stati Uniti.

Negli anni '40-50, gli africani americani _____ (subire) discriminazioni

in ogni settore. Un Soldato Buffalo _____ (dire), "Io _____

(passare) 3 anni in guerra, e negli Stati Uniti io dovevo [= I had to] prendere un posto nel

retro dell'autobus." Ci sono anche altri film interessanti che parlano dei Soldati

Buffalo. Voi _____ (guardare) mai uno di questi film? Io vi consiglio di

vederli tutti!

24. Il passato prossimo con essere

andare
(maschile)	(femminile)
io sono andato	io sono andata
tu sei andato	tu sei andata
lui è andato	lei è andata
noi siamo andati	noi siamo andate
voi siete andati	voi siete andate
loro sono andati	loro sono andate

arrivare
(maschile)	(femminile)
io sono arrivato	io sono arrivata
tu sei arrivato	tu sei arrivata
lui è arrivato	lei è arrivata
noi siamo arrivati	noi siamo arrivate
voi siete arrivati	voi siete arrivate
loro sono arrivati	loro sono arritate

essere
(maschile)	(femminile)
io sono stato	io sono stata
tu sei stato	tu sei stata
lui è stato	lei è stata
noi siamo stati	noi siamo state
voi siete stati	voi siete state
loro sono stati	loro sono state

venire
(maschile)	(femminile)
io sono venuto	io sono venuta
tu sei venuto	tu sei venuta
lui è venuto	lei è venuta
noi siamo venuti	noi siamo venute
voi siete venuti	voi siete venute
loro sono venuti	loro sono venute

Instructions: fill in the correct form of the verb in the "passato prossimo," some with the helping verb, "avere," some with the helping verb, "essere." Translate all in order to read a summary of one episode in the long autobiographical record of the claimed adventures of Giacomo Casanova (1725-1798).

Un filosofo, scrittore, avventuriero e cittadino di Venezia, Giacomo Casanova (1725-1798)

_____ (scrivere) la storia della sua vita in un'autobiografia di dodici

volumi, con tutti i suoi viaggi, e tutte le sue storie d'amore. L'autobiografia presenta anche

una descrizione della vita di ogni giorno di quell'epoca. Casanova _____

(conoscere) molte persone interessanti. Probabilmente lui _____

(incontrare) Mozart. Nell'autobiografia, Casanova _____ (dire): "Coltivare il

piacere dei sensi fu [= was] sempre la mia principale occupazione." Dopo tanti anni,

Casanova _____ (ritrovare) una sua ex-amante, Thérèse, e lui

_____ (decidere) di visitarla a casa con il suo nuovo marito. Quando

Casanova _____ (arrivare), Thérèse _____ (venire) verso di

lui per abbracciarlo, e loro _____ (provare) emozioni forti. In salotto

Casanova _____ (parlare) della sua nostalgia a lungo con Thérèse e

suo marito. Ad un certo punto, il marito _____ (andare) in cucina per

una mezz'ora per preparare la cioccolata calda. Nella sua assenza, Casanova e Thérèse

_____ (fare) l'amore.

25. L'imperfetto

parlare	vedere	sentire
io parlavo	io vedevo	io sentivo
tu parlavi	tu vedevi	tu sentivi
lui/lei parlava	lui/lei vedeva	lui/lei sentiva
noi parlavamo	noi vedevamo	noi sentivamo
voi parlavate	voi vedevate	voi sentivate
loro parlavano	loro vedevano	loro sentivano

I verbi irregolari:

fare	essere	dire
io facevo	io ero	io dicevo
tu facevi	tu eri	tu dicevi
lui/lei faceva	lui/lei era	lui/lei diceva
noi facevamo	noi eravamo	noi dicevamo
voi facevate	voi eravate	voi dicevate
loro facevano	loro erano	loro dicevano

Instructions: fill in the correct form of the verb in the "imperfetto," and translate all, in order to read this adaptation of an interview with the great photographer, Letizia Battaglia, who has chronicled the mafia in Palermo since the 1970s. The interview was conducted by the journalist, Elena Ciccarello, and originally published in the periodical, *Narcomafie: l'informazione libera per contrastare la criminalità e i poteri corrotti* (October 10, 2005).

Intervista a Letizia Battaglia.

Fotografa, regista, ambientalista, femminista, politico... Letizia Battaglia crede nell'azione civile e personale come motore di cambiamento. Siamo andàti a trovarla a casa, nel cuore del centro storico di Palermo.

EC: Signora Battaglia, come fotografa del quotidiano palermitano, *L'Ora*, lei ha visto da vicino l'esplosione della violenza della mafia dei primi anni '80.

LB: Quando io sono arrivata al giornale nel 1974, io non _____ (sapere) molto della mafia. Alla fine degli anni '70, io _____ (fotografare) gli omicidi spesso, fino a 5 al giorno. Negli anni '80 io _____ (lavorare) nel carcere, dove io _____ (vedere) alcuni uomini che _____ (volere) cambiare vita. Io _____ (volere) dargli una speranza. Io e mio compagno _____ (organizzare) anche mostre per le strade.

EC: Quali foto voi _____ (scegliere) da includere nelle vostre mostre e perché?

LB: Io _____ (includere) fotografie che _____ (rappresentare) l'intero mondo mafioso: la miseria, la politica, i processi, gli arresti. Noi _____ (volere) dimostrare la strategia della mafia contro le istituzioni democratiche.

Qualche volta noi _____ (essere) naïf nel nostro sogno di una Sicilia pulita e onesta. Eppure condividere con altri il nostro dolore non _____ (essere) in vano.

EC: Allora si può fare ancora qualcosa...

LB: Sicuramente. Io conosco e amo molto un ragazzo, figlio di un mafioso e nipote di un mafioso assassinato che io ho fotografato molti anni fa. È il più antimafioso di tutti, studia e legge moltissimo.

Instructions: based on the words to the beautiful song on the following page by the inimitable Gianmaria Testa, answer the questions below. "Ritals" is a pejorative French term for Italian immigrants, but it is used here to remember the indignities these immigrants suffered, as well as to suggest a call for compassion for all immigrants everywhere.

1. Quali cose sapevano gli emigrati italiani quando venivano al nuovo paese, secondo la canzone di Gianmaria Testa?

2. I bambini emigrati italiani disimparavano e imparavano quali cose?

3. La canzone di Gianmaria Testa parla della "santa carità" che i benefattori regalavano agli emigrati italiani.

Che cosa possiamo fare per i rifugiati nel mondo oggi per aiutarli con le loro nuove vite?

Gianmaria Testa
Ritals
(2006)

Eppure lo sapevamo anche noi,
l'odore delle stive
l'amaro del partire.
Lo sapevamo anche noi,
e una lingua da disimparare
e un'altra da imparare in fretta
prima della bicicletta.
Lo sapevamo anche noi,
e la nebbia di fiato alla vetrine
e il tiepido del pane
e l'onta del rifiuto.
Lo sapevamo anche noi,
questo guardare muto.
E sapevamo la pazienza
di chi non si può fermare
e la santa carità
del santo regalare.
Lo sapevamo anche noi,
il colore dell'offesa
e un abitare magro e magro,
che non diventa casa,
e la nebbia di fiato alla vetrine
e il tiepido del pane
e l'onta del riufito.
Lo sapevamo anche noi,
questo guardare muto.

26. Il vocabolario del corpo umano

Instructions: determine which of the following vocabulary words for the human body fits which part of the drawings below from The National Gallery of Art in Washington, D.C.

il braccio (le braccia - plurale irregolare)
la gamba
la mano (le mani - plurale irregolare)
il piede

la schiena
il sedere
la spalla
la testa

Giovanni Francesco Barbieri, called Guercino (1591-1666), *Nude*

Gian Lorenzo Bernini,
Portrait of a Young Man,
c. 1615

la bocca
i capelli
il ciglio (le ciglia - plurale irregolare)
il collo
la faccia
il naso
l'orecchio (le orecchie - plurale irregolare)
l'occhio
il sopracciglio (le sopracciglia - plurale irregolare)
il viso

27. I verbi riflessivi

svegliarsi	mettersi	divertirsi
io mi sveglio	io mi metto	io mi diverto
tu ti svegli	tu ti metti	tu ti diverti
lui/lei si sveglia	lui/lei si mette	lui/lei si diverte
noi ci svegliamo	noi ci mettiamo	noi ci divertiamo
voi vi svegliate	voi vi mettete	voi vi divertite
loro si svegliano	loro si mettono	loro si divertono

alzarsi	radersi	vestirsi
lavarsi		
prepararsi		

28. Il vocabolario dei vestiti

l'abito	il completo	la maglia	i pantaloni
la borsa	la cravatta	la maglietta	il pigiama
le calze	la giacca	il maglione	le scarpe
la camicia	il giubotto	gli occhiali	la sciarpa
il cappello	la gonna	l'orecchino	il vestito
il cappotto	i guanti	l'orologio	lo zaino

29. Le stagioni e il tempo

l'autunno	l'inverno	la primavera	l'estate
tira il vento	nevica	piove	c'è il sole
fa fresco	fa freddo	è nuvoloso	fa caldo

Instructions: which season do you see represented in the painting on the next page by Jacopo Tintoretto (1518-1594)? Check your answer by reading the title in the Table of Images at the end of the book. Write a short essay in the present tense in Italian as if you were within a landscape similar to the one portrayed in the painting, and add some words for clothing and weather.

Esempio: io mi metto la gonna a fiori che indosso spesso in Italia quando fa caldo, e vado a mangiare il pranzo tra le vigne con le amiche...

Table of Images

Table of Contents

Index of Grammar and Vocabulary

Index of Names and Places

CPSIA information can be obtained at www.ICGtesting.com
Printed in the USA
LVIW01n0841260217
525454LV00014B/363